少林秘传绝技丛书

少林短打绝技

邓方华　编著

人民体育出版社

图书在版编目（CIP）数据

少林短打绝技 / 邓方华编著. -- 北京 : 人民体育出版社, 2019 (2024.10重印)
（少林秘传绝技丛书）
ISBN 978-7-5009-5477-4

Ⅰ. ①少… Ⅱ. ①邓… Ⅲ. ①少林拳－基本知识 Ⅳ. ①G852.15

中国版本图书馆CIP数据核字(2022)第109717号

*

人民体育出版社出版发行
三河市紫恒印装有限公司印刷
新　华　书　店　经　销

*

880×1230　32开本　7.375印张　170千字
2019年3月第1版　　2024年10月第3次印刷
印数：5,501—7,000册

*

ISBN 978-7-5009-5477-4
定价：30.00元

社址：北京市东城区体育馆路8号（天坛公园东门）
电话：67151482（发行部）　　邮编：100061
传真：67151483　　邮购：67118491
网址：www.psphpress.com

丛书插图制作

（排名不分先后）

邓方华	高　翔	凌　召
潘祝超	谢静超	赵爱民
黄守献	王松峰	李贡群
高　绅	黄冠杰	黄婷婷

总　序

2017年1月25日，中共中央办公厅、国务院办公厅印发了《关于实施中华优秀传统文化传承发展工程的意见》（以下简称《意见》），并发出通知，要求各地区各部门结合实际认真贯彻落实，体现了党和政府对中华优秀传统文化的重视。

在国民教育方面，《意见》提出：加强中华优秀传统文化相关学科建设，重视保护和发展具有重要文化价值和传承意义的“绝学”、冷门学科。在保护传承文化遗产方面，《意见》提出：推动民族传统体育项目的整理研究和保护传承。

中华武术有着几千年发展的历史，是中华民族在社会实践中创造的宝贵财富，是中华文化的重要组成部分。少林武术作为中华传统武术的优秀代表，其秘传绝技与武学秘籍一直是武术爱好者竞相学习和研究的对象。目前在国家的重视下，少林武术发展形势良好，但也存在可供学习的少林武术书籍相对较少的问题，因此，需要对少林武术的相关技艺进行整理出版，使中华武术进一步发扬光大。

《少林秘传绝技丛书》应运而生。本系列丛书依据“健康第一”的教育理念和“便于传承与发展”的要求，邀请有关专家参与编写，披露了少林武术的多种秘法绝艺。先期出版的有《少林点穴绝技》《少林擒拿绝技》《少林擒跌绝技》《少林短打绝技》《少林腿法绝技》《少林古传擒拿与点穴》《少林古传技击术》《少林八段锦古传秘功》《少林易筋经古传秘功》9本，后续还会出版相关系列图书。这套丛书既可作为武术爱好者学习研究的参考用书，也可作为各级各类武术教员的教学用书。

本系列丛书注重图文并茂，避免抽象化和纯理论化，意在提高现代武术爱好者的学习兴趣；立足于理论联系实际，突出学以致用要则；力求简洁明晰，便于阅读，便于练习。当然，不足之处在所难免，欢迎读者批评指正，以利今后进一步充实与完善。

内容提要

少林短打，乃少林技击一大绝技。其注重贴身近战，擅长短促突击，实战性很强，素来名震武林。为弘扬国粹，推广益众，今挖整少林短打七大秘技，公开出版，以飨同道。

1. 少林七星短打，风格古朴，招法简洁，注重实战，技击性强。其讲究贴身近战，见机突入，短促发力，“拳打七星，遍身是拳”，“一动周身都是手”，令敌防不胜防。

2. 据传，南北朝梁武帝时期，达摩大师创“先天罗汉十八手”，被认为是少林罗汉拳法之开端。宋初，福居禅师在“罗汉十八手”的基础上，综合当时武林多种短打法，创编“少林罗汉短打”。

3. 金刚短打，少林金刚门之实战要技，刚疾快狠，迅猛多变，起落翻转，势正法圆。少林金刚门是少林经典武功之一，此门以金刚名者，乃取佛经《金刚般若波罗密经》注：“金刚者，金中精坚者也。刚生金中，百炼不销，取此坚利，能断坏万物。”

4. 连手短打，少林短打名拳之一。其技法有拦截挤靠、踢打搂抱、勾挂绊扫等，讲究“披身小架，靠体摔打，引手入扣，手法连绵”。

5. 少林螳螂拳，是武僧以少林为基、融合螳螂拳技，创编而成的优秀象形拳术。其注重短打，短中有长，手法多变，勇猛快速；独具特色，流传很广，影响很大。

6. 明末清初，南少林一念禅师综诸家短打之长，结合禅宗理论，创“六通短打”。六通短打有六大特点：以静制动，后发先至；近身靠打，寸劲暗腿；分筋错骨，跌扑发放。

7. 南派少林短打，其练法特色：短桥寸劲，迅疾紧凑，挨膀挤靠，吐气发声。其技击讲究：快打速攻，贴身猛进，短烈急促；拳脚相合，跌打为主，擒拿为辅；深入要地，见缝插针，袭击要害。

目 录

第一章

少林七星短打（七母势）

七星，指武术中所讲的“人有七拳——头、肩、肘、手、胯、膝、足”。

七星短打，少林短打秘传之一种，风格古朴，招法简洁，注重实战，技击性强。其讲究贴身近战，见机突入，短促发力，“拳打七星，遍身是拳”“一动周身都是手”，令敌防不胜防。

七星短打技法很多，如挨膀挤靠、撩撞缠封、锁扣拿跌等，本章讲其基础。

一、七星头打

七星头打主要有撞、顶、靠、磕四种，主攻敌方眼部、鼻梁、心窝等部位，贴身而用，力量整重，常出人意料。

“头打落意随足走，起而未起占中央；脚踏中门夺他位，就是神仙也难防”。据传，当年就有一少林武僧，用了一招“头撞山门”，把来犯者击瘫在地。

需要注意的是，因头打动形大、速度慢、变化少，所以与敌相距较远时不要轻用，以防被敌识破而失势。

【实战举例】

1. 敌我对峙。我滑步进身，双掌撩敌咽喉。敌退步撤身躲避。（图1–1）

图1–1

2. 动作不停，我右脚迅疾踏进敌方洪门，双掌翻转顺势扑按敌两肩。（图1–2）

3. 随即，我以头顶或前额向前发力，磕敌胸部或面门，致敌重创。（图1–3）

图1–2

图1–3

二、七星肩打

“肩打一阴反一阳，两手只在洞中藏；上打鼻梁下打裆，左右两肋中胸膛”，肩为根节，贴身近战而用，必须以身贴身，抖劲发力。

七星肩打主要有前撞、侧靠、后靠等法，一旦用好，全身之力悉达敌身，如车撞人，令敌轰然而倒地不起。

需要注意的是，使用肩打，既要有坚实的桩功基础，技法还要练习纯熟，才能运用自如；否则，容易击空而自身失衡，遭敌反击。可配合虚招，先诱敌深入，后伺机肩打。

【实战举例】

1. 敌我对峙。我滑步进身，左掌前穿敌面部。敌用右手格架我左腕进行阻截。（图1–4）

图1–4

2. 我前手为虚势，见敌格挡，迅疾将右脚跨进敌方洪门，上体前贴，用右肩撞击敌胸部，抖劲发力，将敌重创。（图1-5）

图1-5

三、七星肘打

肘骨坚硬，杀伤力强，一旦击中，常可一肘致敌重伤，所以肘打是贴身近搏的利器，是七星短打的惯技。

“肘打四方人难防，手肘齐发人难挡”，肘可下砸、上挑、左拨、右拦，变化很多，非常适合中距使用。

【实战举例】

1. 敌我对峙。我滑步进身，左挑肘攻击敌胸部。敌吞胸吸腹躲避。（图1–6）

图1–6

2. 我动作不停，两脚跳换步，左旋身，贴近敌方，同时，右肘横击敌头部，重创敌方。（图1–7）

图1–7

四、七星手打

手法，包括拳、打、指、爪，所以短打手法应用最多。

七星手打，有高挑、平冲，有低砍、直戳，有擒拿、点刺等，变化多端，收发灵便，攻防兼具。

“出手不见手，手打人难走”，善用手者，出没无常，虚实莫测，曲直吞吐，循环变化，手到功成。

【实战举例】

1. 敌我对峙。我滑步进身，左穿掌击敌咽喉。敌退身避我锋芒之际，抬起左臂架格我左腕及掌背，阻截我左掌攻击。（图1–8）

图1–8

2. 动作不停，我左脚前移半步，右拳冲击敌腹部。（图1–9）

图1–9

3. 随即，我左横拳摆击敌头部右侧，以迅雷不及掩耳之连环三击，重创敌方。（图1–10）

图1–10

五、七星胯打

“近身用胯冲，转身使臀锋”，胯打短促杀伤，隐蔽性强，暗劲难防。

胯打，常含臀打（也称尾击），武林惯称之为“短打合击”。胯打的发力部位，主要为侧胯和臀锋。但非为训练有素者，很难发劲，故要勤加练习。

【实战举例】

1. 敌我对峙。敌滑步进身，右拳击打我面部。我迅疾向后滑步，避敌锋芒之际，上提右手格敌于右前臂外侧，并向外化力。（图1–11）

图1–11

2. 随之，我右脚向前跨进一步，踏入敌右腿外侧，右臂贴住敌右臂外侧前滑，以我肩贴其肩。（图1–12）

图1–12

图1–13

3. 动作不停，在我大腿贴近敌右大腿外侧之际，猛然抖劲，用右胯撞击敌右胯，使敌猝不及防而被撞出。（图1–13）

六、七星膝打

膝打与肘打，被誉为“短打双绝”。“足来提膝，近使跪膝；膝起往怀，膝中敌泣”。

在近身搏斗中，膝击有其犀利之处，一是势猛力强，很难抵挡；二是从下突袭，很难预测。一旦击中，轻可致敌疼痛难忍，重可致敌昏晕当场。实战时，可经常、连续地使用膝法，对敌裆、腹、肋等部进行强攻或偷袭，森森逼人，令敌胆寒。

七星膝技有顶、撞、横、摆、冲、抬、压、挡、跪、飞顶、连环撞等多种用法。

【实战举例】

1. 敌我对峙。我向前滑步进身，同时，右掌扑击敌面部。敌仰身避过。（图1–14）

图1–14

图1–15

2. 我右扑掌为虚招，趁敌仰面，右膝紧跟而出，顶撞敌腹部。（图1–15）

图1–16

3. 动作不停，我右脚迅疾落地，伸出两手搂抱敌两肩向怀中拉拢，提起左膝猛撞敌胃脘部，重创敌方。（图1–16）

七、七星脚打

脚打是实战大技，其踢力大，踢得远，踢势多，故有“手是两扇门，全凭脚打人”之说。

七星脚打主要有弹、踹、勾、挂、扫、踩、撩、蹬、剪、碾、摆等，讲究低腿暗踢，长腿短用，自然顺畅，连环多变。

【实战举例】

1. 敌我对峙。我右垫步进身，左脚弹踢敌裆部。敌撤右脚一步佝身藏裆，避过我左脚撩踢。（图1–17）

图1–17

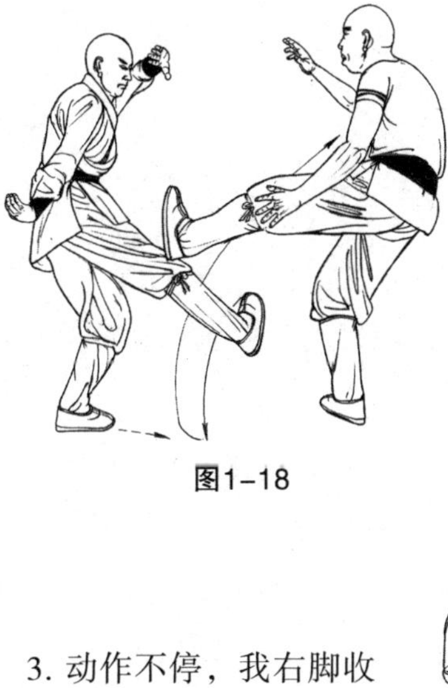

图1–18

2. 我左脚迅疾落步，右脚勾踢敌脚跟后侧，使敌失衡。（图1–18）

3. 动作不停，我右脚收落，左脚垫步之际，右脚再度提起踹击敌腹部，将敌踹跌而出。（图1–19）

图1–19

第二章

少林罗汉短打（十八势）

据传，南北朝梁武帝时期，达摩大师创“先天罗汉十八手”，被认为是少林罗汉拳法之开端。

宋初，福居禅师在“罗汉十八手”的基础上，综合当时武林多种短打法，创编“少林罗汉短打”。

一、斜飞势

【实战举例】

1．敌滑步进身，右拳向我胸部击打。我左脚向后撤退一步，起右手反拦于敌右腕外侧。（图2-1）

图2-1

图2-2

2．接着，我上左脚一步，落于敌右腿后侧，右手扣指抓住敌右腕回带，左掌收于右肋下外侧方，上体右旋，沉身下坐成马步。（图2-2）

3. 动作不停，我上体左旋转，右腿蹬力成左弓步，同时，左臂和左膀靠击敌胸部，将敌反拦跌出。（图2-3）

图2-3

二、朝阳势

【实战举例】

1. 敌左脚上步，右拳击打我胸部。我左脚向后撤退一步，同时，左掌由上向下压格敌右腕，右拳向前反背砸敌面部。（图2-4）

图2-4

2. 敌收右拳，抬左臂架住我右拳。（图2–5）

图2–5

3. 我左手沿己右臂外侧向前推洗敌左臂，向左侧外方化开。（图2–6）

图2–6

4. 动作不停，我右拳迅疾向前横击敌头部，将其重创。（图2-7）

图2-7

三、甩鞭势

【实战举例】

1. 敌向前滑步进身，右拳击打我面部。我左脚向后撤退一步，左拳向前上伸探出，用左前臂外侧格阻敌右腕内侧，化解敌拳攻击。（图2-8）

图2-8

2. 随即，我左脚上步于敌右脚后外侧扣住，同时，左拳顺着敌右臂内侧向前下滑砸敌面部。敌向右偏身，举左臂格阻。（图2-9）

图2-9

3. 动作不停，我右拳横勾击打敌左肋角，配合左臂外拦，将敌仰面跌出。（图2-10）

图2-10

四、绊索势

【实战举例】

1. 敌向前滑步进身，右拳击打我面部。我左脚向后撤退一步，起右手接抓敌右腕外侧。（图2–11）

图2–11

图2–12

2. 随即，我上体右旋，抬左脚至敌右脚前侧，同时，左掌前伸托住敌右上臂下侧。（图2–12）

3. 动作不停，我左脚用力向左后方蹬挂敌右小腿，同时右手回带，左手翻掌下按敌右上臂后外侧，反关节使敌前俯仆地。（图2-13）

图2-13

五、倒杵势

【实战举例】

1. 敌向前滑步进身，右拳击打我胸部。我左脚向后撤退一步，避过敌拳锋芒，同时，右旋身，左臂屈肘右旋，裹格敌右前臂外侧。（图2-14）

图2-14

2. 随即，我左脚上步于敌右腿外侧，同时，左肘顺着敌右臂下侧向前顶击其心口，将敌重创。（图2–15）

图2–15

六、迎面捶

【实战举例】

1. 敌向前滑步进身，右爪抓向我前胸。我向后滑步避过敌右抓。（图2–16）

图2–16

2. 随即，我左脚前移步，左臂向前上挑，用左前臂格敌右上臂内侧，同时，右膝提顶敌小腹。（图2–17）

图2–17

3. 动作不停，我右脚向前落步，右拳向前反背砸击敌面部，将其重创。（图2–18）

图2–18

七、束折势

【实战举例】

1. 敌右脚进步，伸右手抓我胸襟。我略含胸，左手抓住敌右手背，固定在胸前。（图2–19）

图2–19

2. 随即，我右脚后移步，右手抓住敌右手背，替换出左手，同时，上体右转，左臂屈肘抬起于敌右肘上侧。（图2–20）

图2–20

3. 动作不停，我左脚内收于己右脚内侧，身体下蹲，同时，左拳下插，用左腋下压敌右肘，以反关节之势折其右臂。（图2–21）

图2–21

八、指路势

【实战举例】

1. 敌左脚上步进身，右拳击打我腹部。我右脚后移半步，沉身下坐成马步，两拳交臂下压敌右前臂上侧，阻截敌拳攻击。（图2–22）

图2–22

2. 随即，我身体左转，左臂继续下压外拨敌右臂，右臂屈肘向前横击敌胸部。（图2-23）

图2-23

3. 动作不停，我右拳反背翻出，击敌胸部华盖穴，将敌重创。（图2-24）

图2-24

九、翻倒势

【实战举例】

1. 敌左脚上步进身，同时右拳击打我面部。我方左脚向左外侧方闪跨一步，身体下蹲于敌右侧下方，避过敌拳。（图2-25）

图2-25

图2-26

2. 随即，我左脚向敌裆前移步，同时，左掌移于敌右小腿前胫，右掌按于敌后背。（图2-26）

3. 动作不停，我左掌继续上托敌右小腿，右掌按压敌后背，将敌向右侧方摔出。（图2-27）

图2-27

十、盘叠势

【实战举例】

1. 敌向前滑步进身，右拳击打我面部。我向后滑步避敌拳锋芒之际，左偏身，提起双掌拦格于敌右前臂外侧。（图2-28）

图2-28

2. 随即，右掌旋腕扣指抓敌右拳，左前臂压敌右前臂，同时向右下侧方旋压，使敌前扑身之际，左腿提膝担敌右上臂。（图2–29）

图2–29

3. 动作不停，我左脚向前落步于敌右脚前内侧，上体右旋，右手牵敌右手向右后旋拉，左肘横击敌头部右侧，继向下压其右臂，使敌前扑而跌。（图2–30）

图2–30

十一、顺牵势

【实战举例】

1. 敌向前滑步进身，右拳击打我面部。我右手上翻，接住敌右拳之际，左脚向右盖步，右转身，左掌托住敌右上臂下侧。（图2-31）

图2-31

图2-32

2. 随即，我左脚后退一步，插于敌右脚内侧，同时，右脚向右移半步，两手将敌臂向右牵拉。（图2-32）

3. 我两手拉住敌右臂向右下后方旋转，同时，左脚向后挑绊敌腿，将敌向右摔出。（图2–33）

图2–33

十二、三现势

【实战举例】

1. 敌左垫步进身，右腿弹踢我裆部。我迅疾退右步，左脚收于右脚内侧成丁步，沉身下坐之际，左掌下砍敌右脚掌内侧，化解敌方踢击。（图2–34）

图2–34

2. 随即，我左脚上步，左掌顺着敌右腿内侧向前成拳击打其裆部。（图2-35）

图2-35

3. 动作不停，我右脚蹬力成左弓步，左臂屈肘前顶敌胸部。（图2-36）

图2-36

4. 敌胸部受击勾头之瞬间，我左拳成爪上翻，伸臂抓击敌面部，掌根发力抖击，将敌重创。（图2–37）

图2–37

十三、摘心捶

【实战举例】

1. 敌向前滑步进身，右拳击打我胸部。我左脚向后撤退一步，右掌向前拍压敌右腕部，阻截敌拳攻击。（图2–38）

图2–38

2. 随即，我右手扣指抓敌右腕，右脚尖外展，左臂上撩敌右臂，左脚搓踢敌右脚后跟。（图2-39）

图2-39

3. 动作不停，我左脚向前落地，同时，左拳内旋向前下击敌心口，将敌重创。（图2-40）

图2-40

十四、推山靠

【实战举例】

1. 敌向前滑步进身，右拳击打我面部。我左脚向后撤退一步，上起右手格敌于右前臂外侧，阻截敌拳攻击。（图2-41）

图2-41

2. 随即，我右掌外旋向右下旋压敌右前臂，左脚进步绊住敌右小腿。紧接，我左手按压推阻敌右前臂，右手收至右腰侧。（图2-42）

图2-42

3. 动作不停，我右掌前伸按住敌胸部，抖劲发力向左旋推，将敌击跌而出。（图2-43）

图2-43

十五、甩袖势

【实战举例】

1. 敌向前滑步进身，右掌撩打我裆部。我重心后移吞身，同时，右掌棱向下、向左斜砍敌右腕内侧，阻截敌掌撩阴之险。（图2-44）

图2-44

2. 随即，我左脚向前进步于敌右脚内侧，同时，右掌向前撩抓敌裆，扣指发力，重创敌方。（图2–45）

图2–45

十六、窝底炮

【实战举例】

1. 敌向前滑步进身，右拳击打我面部。我左脚向后撤退一步，避敌拳锋芒之际，起左手拦格敌右前臂外侧，化解敌拳攻击。（图2–46）

图2–46

2. 随即，我左脚向左前方闪身进步，左前臂贴住敌右臂外侧向前滑至其右肩外侧，同时，右拳自敌右臂下穿出击打其心口部，重创敌方。（图2-47）

图2-47

十七、推磨势

【实战举例】

1. 敌向前滑步进身，右拳击打我面部。我左脚向后撤退一步，右手上挑格敌右腕外侧，阻截敌拳攻击。（图2-48）

图2-48

图2-49

2. 随即，我右掌外旋扣拿敌右拳向右前拉，左前臂旋裹敌右前臂外侧。（图2-49）

图2-50

3. 敌屈右肘，破解我截臂。我左脚速上步绊于敌右脚跟，同时，左前臂下压敌右臂，右拳冲击敌面部，将敌打翻跌出。（图2-50）

十八、翻身势

【实战举例】

1. 敌左脚向前跨进一步，右拳击打我面部。我向后滑步避敌拳锋芒之际，上起右掌格敌右前臂外侧，化解敌右拳攻击。（图2-51）

图2-51

2. 随即，我左手反背掌由敌右臂下穿过击其面部。敌抬左臂封架。（图2-52）

3. 动作不停，我右旋身，同时，左掌内旋下转，翻掌抓击敌裆部，抖劲发力，将敌重创。（图2-53）

图2-52

图2-53

第三章

少林金刚短打（十三势）

少林金刚门，据传源自北魏少林寺第一武僧——僧稠禅师，是少林著名的古传门派。

金刚门技上乘，长击短打，刚疾快狠，迅猛多变，起落翻转，势正法圆，素有起如举鼎、落如分砖之说。

金刚短打，即属少林金刚门，是其实战的重要技法，今选其中精招，解析出来，以飨同道。

一、白鹤亮翅双抱肋

【实战举例】

1. 敌滑步进身，双拳向我腹部击来。我迅疾向后滑步，沉身成左虚步，同时，两掌向前下抓敌双腕。（图3–1）

图3–1

图3–2

2. 随即，我猛然抖劲向下一拽敌双臂，迅速松手前伸。（图3–2）

3. 动作不停，我右脚跨进一步，踏落于敌左脚后跟外侧绊住，同时，两手经敌两臂内侧过其腋下穿过，拍抓敌两肋。（图3–3）

图3–3

图3–4

4. 接着，我两手扣指抓住敌两肋皮肉猛地回拉，同时，头部前撞敌面部。（图3–4）

5. 随之，我松脱双手收至两腋继向前冲出，双拳齐击打敌胃脘，将敌击跌而出。（图3–5）

图3–5

二、拉肘劈心捶

【实战举例】

1. 敌右脚进步，右拳击打我胸部。我向后滑步，沉身下坐成左虚步，同时，左手内旋上托敌肘部，阻截敌拳攻击。（图3-6）

图3-6

2. 随即，我右脚向前跨上一步，踏入敌洪门，同时，右拳劈击敌胸部，将敌重创。（图3-7）

图3-7

三、弓步连环掌

【实战举例】

1. 敌右脚进步，右掌插击我腹部。我迅疾向后滑步，沉身下坐成左虚步，同时，左掌张开，用虎口叉住敌腕向前下推，阻截敌右掌攻击。（图3-8）

图3-8

2. 随即，我左脚前移步于敌右脚内侧，同时，右掌推击敌面部。（图3-9）

图3-9

3. 动作不停，我右脚跨上一步，踏入敌洪门，同时，右掌下收，右肩向前靠击敌胸。（图3-10）

图3-10

4. 紧接，我左掌向前撩拍敌裆，将敌重创。（图3-11）

图3-11

四、亮翅虎扑把

【实战举例】

1. 敌左脚跨进一步，双掌向我裆部插击。我迅疾收提左膝，同时，两掌相合向前下插于敌两前臂之间，外分化解敌掌插裆之险。（图3–12）

图3–12

2. 随即，我左脚向敌洪门踏入，右腿蹬伸成左弓步，同时，双掌坐腕，以掌棱为力点齐推击敌胸部，将敌打跌而出。（图3–13）

图3–13

五、仆步挂掌斜行把

【实战举例】

1. 敌右脚前移，突起左脚弹踢我裆部。我迅疾向后滑步，重心右移下蹲成左仆步，同时，伸左掌外挂敌左脚踝。（图3-14）

图3-14

2. 敌随即落左脚，左拳下击我面部。我迅疾向右偏身，右脚向前跨出一大步，左转身于敌身后，闪过敌拳攻击。（图3-15）

图3-15

3. 动作不停，我迅速向左转身，右掌击敌后脑，将敌打跌而出。（图3–16）

图3–16

六、弓步斜飞掌

【实战举例】

1. 敌前移右步，右掌插击我腹部。我向后滑步避敌掌击，同时，左掌内旋下拦外拨敌右手，扣指拿住敌右腕。（图3–17）

图3–17

2. 随即，我右脚进一步，踏入敌右脚后外侧绊住，同时，左手拽敌右腕向左后外侧牵带。（图3–18）

图3–18

3. 动作不停，我右掌向前劈击敌面部，将其重创。（图3–19）

图3–19

七、飞脚劈心捶

【实战举例】

1. 敌左垫步进身，右脚向我腹部蹬来。我略向后滑步，吞身下坐成左虚步，避过敌脚锋芒。（图3-20）

图3-20

2. 随即，我借坐身蓄势，起右脚蹬击敌左大腿根部。（图3-21）

图3-21

3. 动作不停，我右脚向前踏落，左腿蹬伸成右弓步，同时，双拳齐劈击敌心口，重创敌方。（图3-22）

图3-22

八、弓步击地捶

【实战举例】

1. 敌向前进步，右拳击打我胸部，左脚踢我裆部。我迅疾后撤左脚，右腿屈膝提起，避过敌拳腿之锋芒。（图3-23）

图3-23

2. 随即，趁敌旧力略过、新力未生之际，我右脚向前落步，左腿蹬伸成右弓步，同时，右勾拳击打敌下颌。（图3-24）

图3-24

3. 动作不停，我右拳内转向下，栽捶击敌裆部。以两次连续重击，重创敌方。（图3-25）

图3-25

九、弓步劈桩把

【实战举例】

敌向前进步，右拳击我胸部。我左手拍开敌右拳之际，右脚跨上一步，踏于敌左脚跟内侧，同时，前弓步，右手击出，用右前臂及右掌根劈击敌面部及胸部，向左推震劲，打倒敌方。（图3–26）

图3–26

十、狸猫上树迎面抓

【实战举例】

1. 敌向前进步，双掌向我腹部击来。我右腿提膝，右脚掌前踏阻截敌双掌之际，左爪抓敌面部。（图3–27）

图3–27

2. 随即，我右脚向前踏，落于敌左脚跟后侧绊住，左腿蹬伸成右弓步，同时，右爪抓击敌面部，左手锁敌咽喉，向前发劲推击，重创敌方。（图3–28）

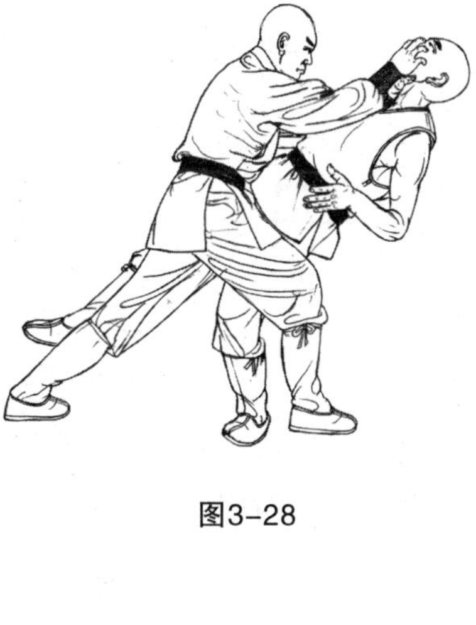

图3–28

十一、进步打阴把

【实战举例】

敌向前进步，右拳向我胸部击来。我右闪身，进左脚踏进敌洪门，沉身下坐成左虚步，同时，两手从正门出击，右拳击敌咽喉，左爪撩抓敌裆，上下齐攻，重创敌方。此招也可主动出击。（图3–29）

图3–29

十二、歇步下盘把

【实战举例】

1. 我右脚插步进身，两腿屈膝下蹲成歇步，同时，左掌棱扫敌右脚踝。敌退左步，提起右腿避过。（图3–30）

图3–30

2. 随即，我左转身，左脚向敌左脚踝铲击。（图3–31）

图3–31

3. 动作不停，我左膝跪地，上体右转，右掌随转身以掌棱为力点斜砍敌左膝弯委中穴，将敌击翻跌倒。（图3–32）

图3–32

十三、转身甩劈捶

【实战举例】

1. 两敌向我前后夹击。我右转身，先上左步，掌击右侧之敌。敌起左臂内裹格挡我左腕。（图3–33）

图3–33

2. 随即，我迅疾右脚向前踏进一步，右拳下插击敌裆部，将敌打伤倒地。（图3–34）

3. 此时，身后之敌已经抢到，双爪扑抓我后脑。我迅疾右转身，右膝随转身提起，右脚尖向前弹劲撩踢敌裆，左拳击打敌咽喉，将敌重创。（图3–35）

图3–34

图3–35

第四章

少林连手短打（三十六势）

连手短打，又称“护身短打”，系少林短打名拳之一。其技法有拦截挤靠、踢打搂抱、勾挂绊扫等，讲究“披身小架，靠体摔打，引手入扣，手法连绵”。

披身小架：指的是架势小巧，短打寸劲，反应灵敏，出招快捷，进快退快，封快打快。

靠体摔打：指的是贴身近战，见机抢进，滚出滚入，可摔可打，技法全面。

引手入扣：引手就是诱敌乱势，引敌出错；入扣是指敌方中计，我即乘机打击。

手法连绵：连手顾名思义，就是一手接一手，一环套一环，连绵不断，防不胜防。

一、跨虎势

【实战举例】

1. 敌向前滑步进身，右拳击打我面部。我右脚向右后侧方收退一步，右转体蹲身成左虚步，同时，右掌收抱于腰际，左臂内旋提裹格敌右前臂外侧，化开敌拳攻击。（图4–1）

2. 动作不停，我左臂发劲弹开敌右臂，同时，左手向下反划拍抓敌裆部，将敌重创。（图4–2）

图4–1

图4–2

二、穿喉势

【实战举例】

1. 敌向前滑步进身，右拳击打我面部。我向后滑步避敌拳锋芒之际，左掌虎口向下卡敌右前臂上侧向下扒压，阻截敌拳攻击。（图4–3）

图4–3

图4–4

2. 随即，我左脚前移步于敌右脚内侧，同时，左掌下压敌右臂，右掌前穿戳击敌咽喉。（图4–4）

3. 动作不停，我重心移于左腿，右腿屈膝提起，左倾身，左掌穿出再度戳击敌咽喉，以两次重击戳喉，重创敌方。（图4–5）

图4–5

三、掏窝势

【实战举例】

1. 敌左脚上步进身，同时，左拳击打我面部。我略向后滑步、向右偏身，左掌上提，掌背反格于敌左肘外侧并向外化力，阻截敌左拳攻击。（图4–6）

图4–6

2. 随即，我左脚前移，右掌前伸抓击敌左肋，扣指抠劲抖发力，将敌肋重创。（图4–7）

图4–7

四、绞翻势

【实战举例】

1. 敌向前滑步进身，右拳击打我胸部。我收左步于右脚内侧成并步，屈膝蹲身，左拳屈臂内裹，格敌右前臂外侧，阻截敌拳攻击。（图4–8）

图4–8

2. 随即，我左脚上前一步，绊于敌右脚跟后侧，同时，左臂向前内压，经过敌右臂腋下前穿，搂住敌后腰部。（图4-9）

3. 动作不停，我右掌前伸，锁抓敌咽喉猛力前推，致敌后翻。（图4-10）

图4-9

图4-10

五、剪钳势

【实战举例】

1. 敌向前滑步进身，右拳击打我胸部。我左脚向后撤退一步，同时，左掌上提内旋格敌右腕外侧，右掌向前上提格敌右臂肘弯内侧，两掌合力相剪，阻截敌拳攻击。（图4-11）

图4–11

2. 动作不停，我两掌交错用力，右手内收，左掌前移，抖劲发力，如剪钳般折敌右臂。（图4–12）

图4–12

六、单劈势

【实战举例】

1. 敌向前滑步进身，右拳向我胸部打来。我迅疾将左脚向后撤退一步，沉身下坐成右半马步，同时，右拳屈臂上挑格挡敌右前臂外侧，阻截敌拳攻击。（图4–13）

图4–13

2. 随即，我右臂向右外侧反压敌右臂，同时，左脚上一步，跨入敌右腿后外侧方，左掌向前劈击敌面部，重创敌方。（图4–14）

图4–14

七、双分势

【实战举例】

1. 敌向前滑步进身，同时，双拳向我头部贯击。我迅疾向后滑步，沉身下坐之际，两掌齐上举，阻截于敌双腕内侧。（图4-15）

图4-15

2. 随即，我两掌向外分张并向下收手，将敌双拳分开抖落。（图4-16）

图4-16

3. 动作不停，我右脚迅疾向前跨进敌洪门，同时，双拳相并齐向前上冲出，击打敌咽喉，将其打跌而出。（图4–17）

图4–17

八、守门势

【实战举例】

1. 敌向前滑步进身，右拳向我胸部打来。我迅疾后滑步，沉身下坐成左虚步，同时，起左掌内旋，格挡敌右前臂外侧，阻截敌拳攻击。（图4–18）

图4–18

2. 随即，我右脚向前跨入敌洪门，左脚蹬地成右弓步，右掌向前劈击敌颈左侧，将敌重创。（图4–19）

图4–19

九、连环势

【实战举例】

1. 敌左脚上步进身，左拳击打我胸部。我左脚向后撤退一步，沉身下坐，同时，起右掌内旋，用掌棱格敌左肘外侧，将敌左拳攻击化解。（图4–20）

图4–20

2. 动作不停，我左脚向前跨进一步，踏入敌洪门，同时，左掌上挑格敌左上臂外侧，向左外侧格化之际，右掌前推敌左肩外侧，使敌向其右旋身。（图4–21）

3. 动作不停，我右脚跨上一步，踏于敌左脚外侧，同时，左掌顺敌左臂外侧前推，以掌棱击敌左颈大动脉，致其伤晕。（图4–22）

图4–21

图4–22

十、顺踢势

【实战举例】

1. 敌向前滑步进身，右拳击打我胸部。我向后滑步避敌拳锋芒之际，沉身下坐成左虚步，同时，左掌上提内裹，格挡敌右肘外侧，阻截敌拳攻击。（图4–23）

图4–23

2. 随即，我右垫步，左脚顺势向前撩踢敌裆部，将敌重创。（图4–24）

图4–24

十一、挎篮势

【实战举例】

1. 我滑步进身，左拳击打敌胸部。敌向后滑步沉身成右虚步之际，前挑左掌拦格于我左腕外侧，阻截我左拳攻击。（图4-25）

图4-25

2. 随即，我左拳伸指成掌外旋扣抓敌左腕，并向左后牵带，同时，右脚跨进一步，右掌变拳向前经敌左臂下上勾敌下颌，以右肘内侧挎提敌左肘。（图4-26）

图4-26

3. 敌左臂受挎提而疼痛松劲的瞬间，我右拳旋转向前击敌颈左侧大动脉，重创敌方。（图4-27）

图4-27

十二、开弓势

【实战举例】

1. 敌向前滑步进身，右拳击打我胸部。我左脚向后撤退一步，右脚收步，屈膝蹲身成右丁步，同时，右拳上提裹臂拦格敌右前臂内侧，使敌拳偏于一侧。（图4-28）

图4-28

2. 随即，我右脚跨进一步，落于敌右脚内侧绊住，同时，右拳内旋向前击出，击打敌肚脐部位，左臂后拉助力，有如开弓射箭之势。（图4–29）

图4–29

十三、通天势

【实战举例】

1. 敌右脚向前一步，右拳击打我咽喉。我收左脚，与右脚并步，屈膝下蹲，同时，右臂屈肘上架，用右前臂托架敌右前臂，使敌拳攻击落空。（图4–30）

图4–30

2. 随即，我左脚跨进一步，落于敌右脚内侧，右腿蹬伸成左弓步，同时，右拳扭转划弧成勾拳击敌下颌。（图4-31）

3. 动作不停，我右拳旋转成拳眼向上，抖劲冲击敌咽喉，将敌打跌而出。（图4-32）

图4-31

图4-32

十四、顺风势

【实战举例】

1. 敌向前进步，右拳击打我咽喉。我左脚略收步，沉身下蹲成左虚步，同时，左掌上挑，用掌背格敌右前臂内侧向外用力，化解敌拳攻势。（图4-33）

图4-33

2. 随即，我左脚跨进一步，落于敌右脚跟内侧，右腿蹬伸成左弓步，同时，左掌贴着敌右臂向前推出，以掌棱为力点击打敌心口（鸠尾骨部位），将其重创。（图4-34）

图4-34

十五、双捆势

【实战举例】

1. 敌向前进步，右拳击打我腹部。我左脚疾收，与右脚并步，两腿屈膝下蹲，同时，两拳腕相交，左外右内向前下压，阻截敌右腕。（图4-35）

图4-35

2. 随即，我右脚上步，落于敌右脚跟内侧，左腿蹬伸成右弓步，同时，左拳冲击敌右颌。（图4-36）

图4-36

3. 动作不停，我右拳紧跟而出击敌右肋。以两次重击，重创敌方。（图4–37）

图4–37

十六、盘龙势

图4–38

【实战举例】

1. 敌接住我右手臂反关节扭转。我感到敌方力大，迅疾顺势将自己右手向后腰转送，以此缓解敌方扭劲。（图4–38）

2. 随即，我上身继续左转，至左肩对敌正面的瞬间，左肘向上反打，击敌左耳根部。（图4-39）

图4-39

3. 敌受伤护痛松开我右手之际，我右手迅速向前转过，下伸抓击敌裆部，以连环两击，重创敌方。（图4-40）

图4-40

十七、缠丝势

【实战举例】

1. 我右拳击打敌方。敌用右手抓接我右腕。（图4–41）

图4–41

2. 我右拳旋转向下回拉，同时，右脚跨一步落于敌右脚内侧，左掌推击敌下颌，迫敌松手。（图4–42）

图4–42

3. 动作不停，我右拳随之向前下冲出，重击敌腹部。（图4-43）

图4-43

十八、甩包势

【实战举例】

1. 敌向前进步，右拳击打我面部。我向后滑步，避敌拳锋芒之际，两掌交叉向前上托架敌右腕。（图4-44）

图4-44

2. 随即，我右脚垫步，左脚跨入敌洪门，同时，两掌旋腕扣指抓敌右腕，迅速右转身，将敌右臂扛在我左肩上。（图4–45）

3. 动作不停，我两手将敌右腕牢牢控制于我胸下，俯身撅臀，右旋身，将敌从上扛摔而过，扔于身前。（图4–46）

图4–45

图4–46

十九、拦根势

【实战举例】

1. 敌右脚进步，右拳击打我面部。我收左脚，沉身下坐成左虚步，同时，两腕相交向上托架敌右腕。（图4-47）

图4-47

2. 随即，我双掌向前上猛然发力一推，继而左脚跨上一步，两掌放下，俯身捞抱敌两膝，左肩抵敌右大腿。（图4-48）

图4-48

3. 动作不停，我猛然起身，两手抱住敌腿向己右肋侧收拉，将敌摔倒在地。（图4-49）

图4-49

二十、倒瓶势

【实战举例】

1. 敌向前进步，右拳击打我咽喉。我收左脚一步，沉身下坐成左虚步，同时，左掌上提，用掌棱旋裹敌右前臂外侧，阻截敌拳攻击。（图4-50）

图4-50

2. 随即，我左掌贴敌右臂前推，左脚跨进一步，踏于敌右脚后跟外侧，上身前倾，右手下伸捞敌右膝内侧。（图4-51）

3. 动作不停，我右手猛提敌腿，左掌前推，双手合力将敌摔跌而出。（图4-52）

图4-51

图4-52

二十一、洗袖势

【实战举例】

1. 我左掌击敌。敌右手接我左腕。（图4-53）

图4-53

2. 我左手用力后拉，同时，右掌背贴己左前臂下侧，以掌棱向前洗出，把敌右手击落，化解敌拿腕之险。（图4-54）

图4-54

二十二、推山势

【实战举例】

1. 敌向前进步，右拳击打我腹部。我右脚后移成左弓步，同时，左掌自胸前向下拍压敌右拳背，将其打落。（图4-55）

图4-55

2. 随即，我右掌向前推出，按敌胸部之际，猛震劲发力将敌跌出。（图4-56）

图4-56

二十三、转环势

【实战举例】

1. 我右脚跨上一步，右手反背掌攻击敌面门。敌用右手抓我腕部。（图4–57）

图4–57

2. 随即，我迅疾起左掌由上向下劈敌右前臂（曲池穴），右掌尖向内转挣脱敌右手，继而前滑步，右掌旋转向前插击敌咽喉。（图4–58）

图4–58

二十四、牵牛势

【实战举例】

1. 敌向前进步，右拳击打我面部。我右脚向后退步，上体右转成横裆步，同时，左掌向上弧形横拍敌右前臂外侧，阻截敌拳。（图4-59）

图4-59

2. 随即，我左掌贴住敌臂向下扒压，左转身，右拳由上向前下劈砸敌头顶，将敌打仆于地。（图4-60）

图4-60

二十五、倒马势

【实战举例】

1. 敌向前进步，右拳击打我面部。我右脚略退步，沉身下坐成左半马步，同时，左掌上挑，用左腕向外格挡敌右前臂，阻截敌拳攻击。（图4-61）

图4-61

2. 随即，我右脚跨上一步，落于敌右腿后外侧绊住，同时，左掌贴敌右臂前推，右掌前拍敌裆部，继而两掌齐向左旋推，将敌跌出。（图4-62）

图4-62

二十六、前截势

【实战举例】

1. 敌向前滑步进身，右拳击打我胸部。我迅疾后撤左脚一步，同时，左手抓敌右腕，右掌助力，左旋身将敌拳控制在我左胸前。（图4–63）

图4–63

2. 随即，我身体略右转，左脚提起向前蹬踩敌右膝，重创敌方。（图4–64）

图4–64

二十七、兜弓势

【实战举例】

1. 敌滑步进身，右拳击打我胸部。我左脚向后撤一大步，同时，左前臂下砸敌右前臂，阻截敌右拳攻击。（图4–65）

图4–65

图4–66

2. 随即，我右拳向前横击敌头部。敌上提左拳，左前臂格挡我右前臂。（图4–66）

3. 我迅疾用左掌棱下砍敌左肘，击落敌左臂，同时，收右拳于头侧，右脚内收半步成高虚步。（图4–67）

4. 动作不停，我趁敌前倾身之际，右拳向前横击敌左颈侧，将敌重创。（图4–68）

图4–67

图4–68

二十八、回马势

【实战举例】

1. 敌滑步进身，右摆拳横扫我头部。我左脚迅疾后撤一步，右膝下跪，向左偏身，避过敌拳锋芒。（图4–69）

图4–69

2. 动作不停，在避过敌拳的刹那，我迅疾右转身，提右脚蹬敌小腹，将敌踢倒。（图4–70）

图4–70

二十九、绊索势

【实战举例】

1. 敌左脚跨上一步，左拳反背劈砸我面门。我右脚略后移步，同时，右掌上提旋转，用掌棱格敌左前臂外侧，并向左下压，阻截敌拳攻击。（图4-71）

图4-71

2. 随即，我右掌向左下推送敌左臂之际，右脚向前勾踢敌左脚后跟，将敌踢翻。（图4-72）

图4-72

三十、拦截势

【实战举例】

1. 敌右脚抢步踏我洪门，右拳击打我面部。我右掌上翻，拦抓敌右腕并向右牵拉，同时，上体右转，左前臂旋裹敌右肘外侧。（图4–73）

图4–73

2. 动作不停，我趁敌右臂受创失势之际，左转身，右拳冲击敌咽喉，将敌重创。（图4–74）

图4–74

三十一、拦斩势

【实战举例】

1. 敌滑步进身，右拳击打我面部。我迅疾向后滑步，避敌拳锋芒之际，左掌旋抡，用掌棱格敌右前臂外侧。（图4–75）

图4–75

2. 随即，我左掌贴敌右前臂下压，右脚上步绊于敌右脚内侧，同时，右掌从上向前下划弧砍击敌后腰（命门穴），重创敌方。（图4–76）

图4–76

三十二、裙踢势

【实战举例】

1. 敌右脚前移半步，随之提起左脚向我腹部踹击。我迅疾撤退左脚一大步，屈膝下蹲，右脚内收成丁步，避过敌腿踹击。（图4–77）

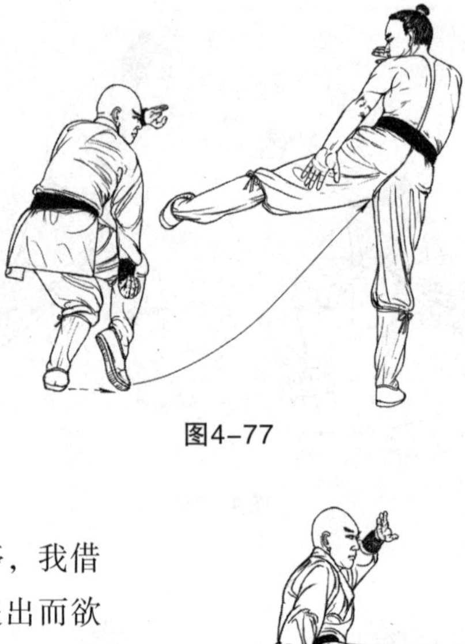

图4–77

2. 动作不停，我借沉身蓄势、敌腿出而欲换之际，左脚垫步，右脚前蹬敌裆部，将其重创。（图4–78）

图4–78

三十三、拦翻势

【实战举例】

1. 我右脚跨上一步，右穿掌戳敌咽喉。敌收右步，两腕交叉托架我右腕，阻截我右掌攻击。（图4-79）

图4-79

2. 随即，我右掌迅速上抬内转，左脚向前跨一步，落于敌右腿后侧绊住，沉身下坐，继而两掌推击敌腹及裆部，将敌推翻。（图4-80）

图4-80

三十四、反败势

【实战举例】

1. 敌滑步进身，右拳击打我面部。我迅疾撤左脚一步，上提左掌格挡敌右前臂内侧，阻截敌拳攻击。（图4-81）

图4-81

2. 敌左脚紧跟跨上一步，左拳击打我面部。我右脚疾速撤退一步，起右掌，用右前臂格挡敌左前臂内侧，阻截敌再次攻击。（图4-82）

图4-82

3. 敌再次上右步追来，右冲拳击打我面部。我向后滑步避敌拳锋芒，左掌自上向前压敌拳背，猛然抖劲震落敌拳。（图4-83）

4. 随即，我左掌上翻，反背掌甩击敌面部。（图4-84）

图4-83

图4-84

5. 动作不停，我右掌向前斜砍敌左颈部大动脉。（图4-85）

6. 紧接，我冲出左拳击打敌心口。以连续性重击，将敌打伤跌出。（图4-86）

图4-85

图4-86

三十五、倒拔势

【实战举例】

1. 敌滑步进身，右拳击打我面部。我向后滑步躲避敌拳锋芒之际，上挑左掌，用掌背格敌右肘内侧。（图4-87）

图4-87

2. 随即，我右脚向前跨进一步，踏入敌方洪门，同时，右掌穿入敌裆部。（图4-88）

图4-88

3. 动作不停，我左掌外旋扣抓住敌右臂，右手抓住敌臀后裤子，右前臂兜住敌裆部，用劲发力，将敌向上、向左扛起，向己左侧摔出。（图4–89）

图4–89

三十六、护首势

【实战举例】

1. 敌滑步进身，右拳横扫我头部。我迅疾向后滑步，避敌拳锋芒之际，沉身下坐成左虚步，左拳上挑敌右前臂内侧，化解敌拳攻击。（图4–90）

图4-90

2. 动作不停，我左脚向前移步，右拳向前冲击敌心口，重创敌方。（图4-91）

图4-91

第五章

少林螳螂短打（十八势）

螳螂拳据传由明代武术家王朗创编而成，是武林一大名门。

螳螂拳流派很多，如“六合螳螂”“光板螳螂”“七星螳螂”“两翼螳螂”“太极螳螂”“通臂螳螂”“梅花螳螂”“小架螳螂”“八步螳螂”“摔手螳螂”“少林螳螂”等，各有所长。

总体而言，螳螂一派皆具以下共性：手法丰富、手脚并用、长短兼备、正迎侧击、快速勇猛；一触即发、连环不断、环环相扣、衔接巧妙。

《螳螂拳谱·短打紧要》中说：“长短起落，刚柔硬软，各有所长，慎勿疏忽”“长短者，忽长忽短，或一手自为长短，或两手互相长短，短变为长，长化为短，亦兼出入进退而言之也。起者打下而翻上也，落者击上而捎下也……”

少林螳螂拳，是武僧以少林为基，融合螳螂拳技，创编而成的优秀象形拳术。其注重短打，短中有长，手法多变，勇猛快速；独具特色，流传很广，影响很大。

本章螳螂短打，即取自少林螳螂拳，专选其短打诸势，举例解析，而与同道共研共进。

一、螳螂出洞

【实战举例】

1. 敌右脚向前移步，左脚弹踢我裆部。我向后滑步避敌脚锋芒之际，沉身扭步，右掌下砍敌左脚踝，阻截敌脚攻击。（图5-1）

图5-1

图5-2

2. 随即，我左脚前进半步，左拳冲击敌面部。敌落左脚，仰身避过。（图5-2）

3. 动作不停，我右拳紧跟而出，击打敌小腹。（图5-3）

4. 紧接，我左旋体，右脚踹踢敌下颌，以连续性重击，将敌打跌而出。（图5-4）

图5-3

图5-4

二、螳螂寻路

【实战举例】

1. 我右脚跨步进身，右穿掌戳击敌咽喉。敌向后滑步，提起右臂内裹格挡我右腕内侧，阻截我攻击。（图5-5）

图5-5

2. 我立即前滑步，转腕下插拳击打敌腹部。敌后撤右步，左掌下拍我右腕内侧，再次阻截我攻击。（图5-6）

图5-6

3. 我继续推进，左掌上穿戳击敌面部。敌招架不及，仰身躲避。（图5–7）

4. 动作不停，我紧跟提起右脚，以脚跟为力点蹬击敌心口，将其打跌而出。（图5–8）

图5–7

图5–8

三、螳螂捕食

【实战举例】

1. 我右脚跨步进身，右拳击打敌胸部。敌向后滑步，上挑右手用右前臂格挡我右腕外侧，阻截我攻击。（图5-9）

图5-9

2. 随即，我左脚向前跨步，脚跟着地，勾脚尖于敌右腿后外侧，同时，右拳变掌外旋勾指拿敌右腕后带，左掌顺敌右臂向前削出，用掌棱击敌咽喉。敌仰面用左掌挡住咽喉部，化解我左掌力道。（图5-10）

图5-10

3. 动作不停，我左脚前掌落地，屈膝前弓，右膝沉跪成小登山势，同时，右手松开敌腕向下勾击敌小腹。（图5-11）

4. 紧接，我左拳紧跟而出，击打敌右腹角，以连续性重击打翻敌人。（图5-12）

图5-11

图5-12

四、螳螂蹬枝

【实战举例】

1. 我右脚跨步进身，右拳击打敌腹部。敌右脚退步之际，右掌下拍拦格我右腕外侧，化解我右拳攻击。（图5-13）

图5-13

2. 随即，我将左脚踢蹬而出，攻击敌小腹。敌格挡不及，只有吞腹藏裆避我腿击。（图5-14）

图5-14

3. 动作不停，我左脚向前落步，右腿蹬伸成左弓步，同时，左掌向前下拍击敌头顶。（图5–15）

4. 紧接，我右脚弧形上步于敌右脚内侧，左旋身，右肘横扫敌胸部，将敌打翻。（图5–16）

图5–15

图5–16

五、螳螂拦截

【实战举例】

1. 我向前滑步进身，右拳击打敌胸部。敌向后滑步，右拳屈臂立肘向内裹臂拦格我右腕，阻截我拳击。（图5-17）

图5-17

图5-18

2. 随即，我向前滑步，左掌向前劈击敌面部。敌仰面，左臂上架托我左腕，阻截我攻击。（图5-18）

3. 动作不停，我右脚蹬踢敌腹部。敌退身不及，右腿屈膝提起，欲用脚掌阻截我右脚攻击。（图5-19）

图5-19

4. 紧接，我右脚向前落步，左腿蹬伸成右弓步，同时，右拳向前顶插击打敌咽喉，重创敌方。（图5-20）

图5-20

六、螳螂穿林

【实战举例】

1. 敌左垫步进身，右脚低踹我左膝部。我右脚退步，提起左膝避过敌腿踹击。（图5-21）

图5-21

2. 随即，我左脚向敌裆前落步，屈膝略蹲成小登山势，左螳螂手上弹敌面部，右螳螂手以勾背为力点挂击敌裆部。（图5-22）

图5-22

3. 动作不停，我右勾手旋转成掌，向前上戳击敌裆部的会阴穴或阴囊。（图5–23）

4. 紧接，我提起右脚向前擦地蹬步，用足跟蹬击敌左踝弓内侧，同时，右掌变拳上顶敌咽喉，将敌打翻而出。（图5–24）

图5–23

图5–24

七、螳螂探爪

【实战举例】

1. 我向前滑步进身，左探捶击打敌面部。敌向后滑步，右抡臂向外格阻我左前臂内侧。（图5-25）

图5-25

2. 敌右臂向外压落我左拳，左拳击打我面部。我右臂上挑，从里向外格挡敌左前臂内侧，同时，右腿提膝，蓄势待发。（图5-26）

图5-26

3. 随即，我右脚向敌裆前落步，左腿蹬伸成右弓步，右拳向前反背砸击敌面部。（图5-27）

图5-27

4. 动作不停，我左膝略沉跪成小登山势，左拳旋转撞击敌裆部，重创敌方。（图5-28）

图5-28

八、螳螂摘果

【实战举例】

1. 我左脚向前移步，提起右膝撞击敌胸，右拳顶击敌面部。敌向后滑步，抬左臂架格我右腕，凹腹避过我膝击。（图5-29）

图5-29

2. 随即，我右脚落步，左脚进步成钩镰脚，同时，右臂后展，左手变勾手以勾背为力点反臂击敌咽喉。（图5-30）

图5-30

3. 动作不停，我左脚掌落地，两膝略屈蹲成小登山势，同时，左右勾手齐用勾顶提击敌裆部，发劲抖腕重创敌方。（图5–31）

图5–31

九、螳螂斩腰

【实战举例】

1. 我向前滑步进身，左掌插击敌咽喉。敌重心后移，收颏仰身避过我左掌。（图5–32）

图5–32

2. 随即，我左脚向前移步，左掌下按，右手以锁口捶击敌嘴部。敌沉身，左脚后退一步，同时，左臂前抬架我右拳。（图5-33）

图5-33

3. 动作不停，我左掌上穿拦格于敌左上臂外侧，右拳变掌并旋转，以掌棱为力点砍击敌左腰间，将敌重创。（图5-34）

图5-34

十、螳螂提刹刀

【实战举例】

1. 我左脚向前移步，起右脚弹踢敌胃脘。敌后撤右步，躬身吞腹藏裆，避过我右脚。（图5-35）

图5-35

2. 随即，我右脚向前落步成小蹿步，同时，双掌成勾手，齐用勾顶从下向上提顶敌下颌。敌向右旋身倾斜，避过我双勾手。（图5-36）

图5-36

3. 动作不停，我左脚跨进一步，落于敌左脚跟后侧绊住，成大登山势，同时，两手以掌棱为力点下剁敌锁骨部位，继而抖劲发力，将敌跌翻。（图5-37）

图5-37

十一、螳螂鸳鸯脚

【实战举例】

1. 我左手向前一晃，左脚向前移步，左转体，右脚踹击敌右膝盖。敌左脚略后移，右腿提膝避过。（图5-38）

图5-38

2. 随即，我右脚向前落步，左转身，左脚向后撩踢敌胸部。（图5-39）

图5-39

3. 动作不停，我左脚不管撩中与否，迅疾向左后侧落步，身体继续左转，右脚以脚背为力点扫踢敌左肋部，以连续性重击打跌敌方。（图5-40）

图5-40

十二、螳螂挑手

【实战举例】

1. 敌左垫步进身，右脚撩踢我裆部。我迅疾退右脚半步，左腿屈膝提起，避过敌右脚撩踢。（图5-41）

图5-41

2. 随即，敌右脚踏落，右拳击打我面部。我迅疾落左脚，右脚后移，右旋体，同时，右手拍格敌右腕外侧，左臂内圈用左前臂压敌右肘部上侧，阻截敌拳攻击。（图5-42）

图5-42

3. 动作不停，我右手扣指抓拿敌腕回带，左脚前移绊于敌右脚内侧，同时，左掌棱向前扫击敌咽喉，将敌重创。（图5-43）

图5-43

十三、螳螂勾砍

【实战举例】

1. 敌向左垫步进身，右脚铲击我左小腿前胫。我右脚退步，同时，左脚内收、脚尖点地成虚步，避过敌脚攻击。（图5-44）

图5-44

2. 敌随势向前落步，左腿蹬伸成右弓步，右拳穿出顶击我面部。我左脚迅疾后撤一步，上体左转，同时，右掌上挑，用右前臂格挡敌右前臂外侧，阻截敌拳攻击。（图5–45）

3. 随即，我右掌贴敌右前臂转腕下压，左脚跨进一步，同时，左掌劈击敌面部。敌向后滑步，抬起左臂架格我左掌。（图5–46）

图5–45

图5–46

4. 动作不停，我左掌勾腕下压敌左臂，同时，左脚向前移步于敌右脚内侧，右掌以掌棱为力点砍击敌左颈侧大动脉，重创敌方。（图5-47）

图5-47

十四、螳螂剪拍腿

【实战举例】

1. 敌向前滑步进身，左膝略沉跪，上身前探，左拳击打我裆部。我左脚迅疾后撤，左转身下沉成马步，同时，右掌下划，用左前臂内侧格敌左腕，阻截敌拳攻击。（图5-48）

图5-48

2. 敌向左扭身，冲出右拳击打我面部。我收右步，立身而起，右掌向内、向上划弧拦格于敌右前臂外侧，继而贴敌臂绕转，将敌右拳及前臂挟于腋下。（图5–49）

图5–49

3. 敌再度出左拳击我面部。我迅疾起左手拍压敌右臂，右手上拦敌左前臂，同时，提起左脚踩击敌右膝关节外侧，将敌重创。（图5–50）

图5–50

十五、螳螂蹬扑

【实战举例】

1. 敌向前滑步进身，右拳击打我胸部。我迅疾向后滑步，避敌拳锋芒之际，右手上起外划抓敌右腕，阻截敌拳攻击。（图5-51）

2. 随即，我右脚上步于己左脚内侧，左拳向前上提，用左臂挎提敌右臂，同时，左脚向前勾踢敌右脚后跟。敌右腿屈膝提起，避过我勾踢。（图5-52）

图5-51

图5-52

3. 动作不停，我左脚尖内扣落地，上体右转，右手带住敌右腕向后外旋拧，左拳变掌绕过敌右上臂，用掌按住敌右肘关节后侧，震劲发力，致敌跌扑。（图5-53）

图5-53

十六、螳螂洗面

【实战举例】

1. 敌右脚向前移步，左脚踏进我裆前，右拳击打我腹部。我左脚迅疾内扣，绊住敌左脚跟后侧，随之右转体，左掌随转身拍压敌右腕，同时，左肘下压敌整条右臂，使敌上身前倾。（图5-54）

图5-54

2. 随即，我左转身，右肘向前挑击敌面部。敌向后跳步退身，左掌向前上托接我右肘挑击。（图5–55）

图5–55

3. 动作不停，我右掌勾腕下压，用食、中二指叩击敌双目。（图5–56）

图5–56

4. 紧接，我右掌坐腕发力，抖击敌下颌，重创敌方。（图5-57）

图5-57

十七、螳螂滚肘

【实战举例】

1. 敌向前滑步进身，右拳击打我面部。我迅疾向后滑步，左旋身下沉成扭步，同时，右手下吊于左腹侧，左手上翻拦格敌右腕内侧，化解敌拳攻击。（图5-58）

图5-58

2. 随即，我右脚上步插于敌右脚后侧绊住，同时，左转体，右臂滚肘横击敌颈部，将敌打跌而出。（图5–59）

图5–59

十八、螳螂漏手

【实战举例】

1. 我滑步进身，左拳击打敌胸部。敌向后滑步躲避我拳锋芒之际，上挑右掌，用右前臂外侧格挡我左前臂内侧，阻截我左拳攻击。（图5–60）

图5–60

2. 随即，我向前滑步，左拳内勾绕过敌右臂向前击敌右肋。敌吞身，右臂绕转下划，将我左拳格于外门。（图5–61）

3. 我迅疾冲出右拳，击打敌面部。敌向后滑步，抬起左臂架格我右臂。（图5–62）

图5–61

图5–62

4. 我滑步进身，右拳沿敌左臂下绕，击打敌左肋部，将敌重创。（图5–63）

图5–63

第六章

少林六通短打（三十六势）

明末清初，南少林一念禅师综各家短打之长，结合禅宗理论，创“六通短打”。

一念禅师传悟性子，悟性子传扬州甘泉山西山寺之涤尘禅师，涤尘传俗家弟子金一明。金先生为近代武术大师，他著书立说，广收弟子，六通短打得以发扬光大。

单解“六通”，指通过修炼达到的佛家至高境界。拳冠“六通”，暗喻此拳：宗归少林，技艺高超，境界非凡。六通短打有六大特点：以静制动，后发先至，近身靠打，寸劲暗腿，分筋错骨，跌扑发放。

一、寒雀蹲梅

1. 敌我对峙。（图6–1）

2. 敌进身，右脚踹击我腹部。我迅疾撤步，双掌以“十字手”向下阻截于敌右踝外侧。（图6–2）

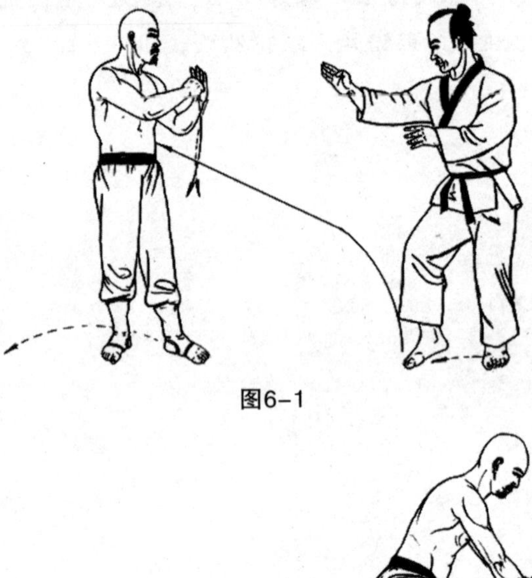

图6–1

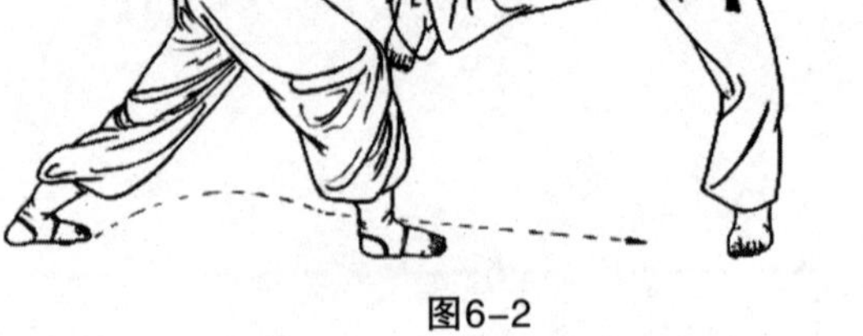

图6–2

3. 随即，我右掌顺势绕腕勾提敌右腿，同时，左脚上步，左掌推击敌面部，致敌后倒。（图6-3）

图6-3

二、擒手冲拳

1. 敌我对峙。敌进身，右脚踏进我洪门，右拳直击我面部。我右脚迅疾退步，沉身下蹲，同时，左掌格架敌右腕内侧。（图6-4）

图6-4

2. 随即，我左掌扣拿敌右腕旋拉，左脚退步，右脚上步别住敌右腿，同时，上体左转，右拳击打敌咽喉，将敌击倒。（图6–5）

图6–5

三、劈手横肘

1. 敌我对峙。我左脚迅速进步，左掌劈击敌面部。敌起双手拦截。（图6–6）

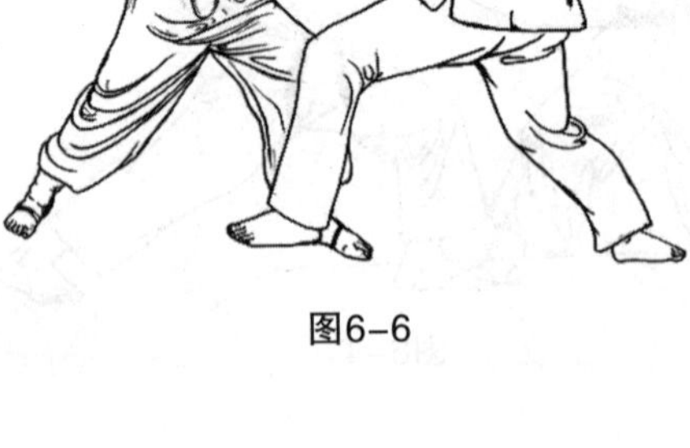

图6–6

2. 连击不停，我右肘随即横拐敌左背，将敌打倒。（图6–7）

图6–7

四、回风搗肘

1. 敌我对峙。敌进身，右脚踹击我面部。我左脚向右盖步，偏身避过敌腿锋芒。（图6–8）

图6–8

2. 随即，我右转身，右肘顺势反打敌后脑，将敌打倒。（图6-9）

图6-9

五、攻防双劈

1. 敌我对峙。敌进身，右脚蹬击我腹部。我右脚迅疾退步，左掌下劈敌右脚背。（图6-10）

图6-10

2．随即，我右脚上步成右弓步，右掌劈打敌胸部，将敌击倒。（图6–11）

图6–11

六、摩云推手

1．敌我对峙。敌进身，右脚踏进，右拳直击我面部。我迅疾退步，沉身下蹲成半马步，双掌摩住敌右臂外侧，化解敌拳攻击。（图6–12）

图6–12

2. 随即，我右手扣指拿敌右腕，左前臂旋裹向右侧牵带，使敌前扑。（图6–13）

3. 继而我双手迅速放开，左回身云手，反推敌胸，将敌跌放而出。（图6–14）

图6–13

图6–14

七、开弓回肘

1. 敌我对峙。敌右拳直击我面部。我迅疾退步，右手上扬反格敌腕外侧。（图6–15）

图6–15

2. 随即，我右掌扣拿敌右腕后拽，前滑步，左掌削敌眼部。（图6–16）

图6–16

3. 紧接，我右脚上步，右手松拿，以右肘横击敌咽喉，将敌打倒。（图6–17）

图6–17

八、盘根推手

1. 敌我对峙。敌左腿上步前弓，右拳直击我面部。我后撤，屈膝下蹲成歇步，右掌下伸。（图6–18）

图6–18

2. 随即，我右手顺势捞住敌左小腿，屈臂兜夹上提，同时，左掌推击敌小腹，致敌后倒。（图6-19）

图6-19

九、滚肘冲拳

1. 敌我对峙。敌进身，右拳直击我面部。我退步，右手格挡敌右拳，右旋身，左臂向前旋裹滚压敌右臂外侧，使敌前扑。（图6-20）

图6-20

2. 随即，我左转身，右脚上步，左臂贴敌右臂往上一翻，挑开其右臂，右拳击打敌面部，将敌打倒。（图6-21）

图6-21

十、饿虎扑羊

1. 敌我对峙。我左脚进步，下潜身，双手抓住敌脚踝，欲施摔法。（图6-22）

图6-22

2. 敌俯身，双手按住我后背，使我无法得手。（图6-23）

3. 我右脚迅疾进一步，成右弓步，双掌猛地向敌腹部推击，抖劲发力将敌跌出。（图6-24）

图6-23

图6-24

十一、雀地龙翻

1. 敌我对峙。敌右腿踏进前弓，右摆拳击打我头部左侧。我沉身，左脚仆步，下潜于敌右腿后侧。（图6-25）

2. 随即，我立身成左弓步，左脚里绊，左臂上翻，横扫敌胸部，将敌跌出。（图6-26）

图6-25

图6-26

十二、迎胸推掌

1. 敌我对峙。我进步接近敌方，右膝提起撞向敌腹。敌退步，用右掌阻截我右膝。（图6–27）

2. 随即，我右脚向敌右外侧落步，别住其右腿，同时，右掌推敌胸部，将敌跌出。（图6–28）

图6–27

图6–28

十三、拂袖推山

1. 敌我对峙。敌右腿进步前弓，右拳直击我面部。我撤退一步，双手抓拽敌右前臂，使敌前扑。（图6-29）

2. 我立即右弓步，双掌顺势向前反挥敌面部，将敌跌出。（图6-30）

图6-29

图6-30

十四、箭步肩撞

1. 敌我对峙。敌右脚踏进我洪门，右拳直击我面部。我左闪步偏身避过敌拳。（图6–31）

图6–31

2. 随即，我右脚上步于敌右脚后侧，右弓步，右肩撞击敌右胸，将敌撞出而跌。（图6–32）

图6–32

十五、二郎担衫

1. 敌我对峙。敌右脚踢击我腹部。我迅疾后退，沉身成左虚步，左臂下伸格挡敌右小腿。（图6–33）

图6–33

2. 随即，我左手转腕兜住敌右小腿上提，左弓步，右掌推击敌面部，将其击倒。（图6–34）

图6–34

十六、独手擒拿

1. 敌我对峙。敌右手突进抓我右腕，欲施擒拿。我迅速用左手抓敌右手，按压控制。（图6-35）

图6-35

2. 随即，我左脚上步，右旋身，右臂屈肘回拉使敌臂伸开，左肘压其右肘，折其关节，并致其前栽。（图6-36）

图6-36

十七、踩腿折膝

1. 敌我对峙。敌右脚勾踢我左脚跟。我左脚迅疾提起，避过敌脚勾踢。（图6–37）

图6–37

2. 我左脚乘机下踩敌右小腿前胫。敌右腿收提。（图6–38）

图6–38

3. 我迅速再出右脚，用脚跟踩敌左膝内侧，折其膝部。（图6–39）

图6–39

十八、连环冲拳

1. 敌我对峙。敌左拳直击我面部。我向后撤步，左侧身，用右前臂内侧滚格敌左前臂外侧，阻截敌拳攻击。（图6–40）

图6–40

2. 随即，我右臂贴敌左臂向下一裹即弹出右拳击打敌心窝。敌用右前臂格我右拳。（图6-41）

3. 紧接，我左脚向敌洪门上步，左拳冲出直击敌心窝，致其重伤。（图6-42）

图6-41

图6-42

十九、金鸡独立

1. 敌我对峙。我冲上前，迅速提起左膝顶敌腹部。敌退步，双手下按阻截我左膝。（图6–43）

图6–43

2. 我左脚顺势落地，双手抓敌后肩猛拉入怀，同时，提起右膝，猛撞敌腹，致其重伤。（图6–44）

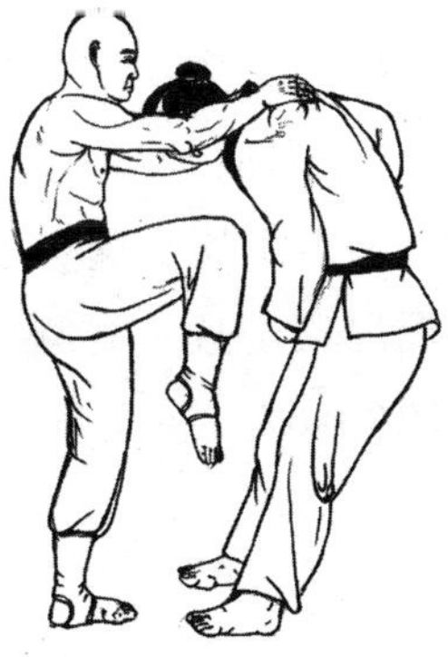

图6–44

二十、花手击肘

1. 敌我对峙。敌左脚上步，左拳直击我胸部。我收右脚，沉身下蹲，右前臂内裹格敌左腕外侧，化解敌拳攻击。（图6–45）

图6–45

2. 随即，我右腿上步，右臂下压敌腕，顺势屈肘横击敌左肩侧。（图6–46）

图6–46

3．动作不停，我右掌翻出，劈击敌头面部，致其重创。（图6–47）

图6–47

二十一、回风连肘

1．敌我对峙。敌右脚踹击我胸部。我向右偏身避敌右脚锋芒，左前臂随右旋身格推敌右小腿后侧，使其右脚左旋。（图6–48）

图6–48

2. 随即，我右脚插步贴近敌身，左臂屈肘捣敌右肋。敌右脚落步，左脚后撤，用右手阻截我肘击。（图6-49）

3. 我迅疾右转身180°，右肘反打敌面门，致其重创。（图6-50）

图6-49

图6-50

二十二、探囊摘桃

1. 敌我对峙。敌左垫步进身，右脚踹击我左膝。我迅速向后滑步，沉身屈蹲避过敌脚，随即左掌劈敌右脚。（图6-51）

2. 敌负痛落步。我左脚进步，右手捞抓敌裆部。（图6-52）

图6-51

图6-52

3. 紧接，我右手揪住敌裆向上猛提，左掌切击敌腹，致敌重伤而跌地不起。（图6-53）

图6-53

二十三、猴儿观树

1. 敌我对峙。敌进步，冲出右拳击打我面部。我退步蹲身，左掌架托敌右腕。（图6-54）

图6-54

2. 我右掌迅速穿出，戳击敌咽喉。（图6–55）

图6–55

二十四、翻身踢腿

1. 敌我对峙。敌右蹬腿踢击我面部。我迅疾后滑步沉身避过。（图6–56）

图6–56

2. 我左脚顺势前移，右蹬腿踢击敌腹部。（图6-57）

3. 随即，我右腿落步，右拳乘机击打敌面部，致其重创。（图6-58）

图6-57

图6-58

二十五、叼手擒拿

1. 敌我对峙。我进步，右手抓敌面部。敌右臂架格我右腕，阻截我攻击。（图6-59）

图6-59

2. 随即，我右手扣拿敌右腕顺势向右猛拽，左手叼抓敌右肩，两手合力擒拿。（图6-60）

图6-60

二十六、白鹤展翅

1. 敌我对峙。敌进身，右脚踢击我裆部。我迅疾退步，沉身下蹲，左掌下劈敌右脚。（图6–61）

2. 随即，我右脚迅疾弹出，踢击敌裆部。（图6–62）

图6–61

图6–62

3. 我顺势落步，右冲拳击打敌小腹。（图6-63）

图6-63

二十七、旋风连环

1. 敌我对峙。敌右脚蹬踢我胸部。我不退反进，左臂与左膝齐外摆拦格敌腿，左脚也可同时蹬击其胸。（图6-64）

图6-64

2. 随即，我左脚落地，右脚向里鞭踢敌头部，使敌重创。（图6–65）

图6–65

二十八、盘根推掌

1. 敌我对峙。敌右脚踹踢我面部。我屈膝下蹲成歇步，避过敌腿，右掌推击敌左膝内侧。（图6–66）

图6–66

2. 随即，我左掌迅疾推打敌裆，使敌翻跌于地。（图6–67）

图6–67

二十九、滚肘冲拳

1. 敌我对峙。敌左脚跃步，左拳直击我面部。我速退右步，左掌上架敌腕。（图6–68）

图6–68

2. 随即，我左掌扣敌左腕，左脚退步，顺势拽敌左臂下拉，右脚上步，左旋身，右臂滚肘击打敌左肘，伤折敌臂。（图6–69）

3. 紧接，我松开左手，右拳顺势冲击敌小腹，致敌重伤。（图6–70）

图6–69

图6–70

三十、乌龙摆尾

1. 敌我对峙。我左脚勾踢敌右踝。敌提脚避过。（图6–71）

2. 我迅疾落左步，右插步，右转身，右拳反鞭敌后脑，将其击倒。（图6–72）

图6–71

图6–72

三十一、饿虎扑羊

1. 敌我对峙。敌右脚踹踢我面部。我右脚迅疾退步，沉身下潜，两掌按地，避过敌之攻击。（图6-73）

2. 不待敌收腿，我迅速起身，双掌上推敌腹，掌根发力将其打翻于地。（图6-74）

图6-73

图6-74

三十二、撅柴折臂

1. 敌我对峙。敌右拳直击我面部。我迅疾左闪，右手乘机拿敌右腕牵拽，左手抓敌右肩，双手用劲旋拧，使其右臂伸开、肘头翻转向下。（图6–75）

图6–75

2. 随即，我双手按敌右臂下压，同时，提起右膝迎击，担折敌臂。（图6–76）

图6–76

三十三、勾托推倒

1. 敌我对峙。敌左脚鞭踢我右肋。我沉身下蹲，右手向外勾住敌脚踝。（图6–77）

2. 随即，我右手转腕兜住敌左小腿，右脚进步，左掌向前推托敌下巴，致其仰倒。（图6–78）

图6–77

图6–78

三十四、迎掌踩脚

1. 敌我对峙。敌右脚蹬击我腹部。我右腿提膝阻截敌右脚踝。（图6–79）

2. 随即，我右掌推击敌面部。（图6–80）

图6–79

图6–80

3. 动作不停，我右脚顺势踩击敌左膝，致敌腿伤而跌扑。（图6-81）

图6-81

三十五、肩撞双推

1. 敌我对峙。敌右拳击打我面部。我迅疾收步，同时吞身右偏避过敌拳。（图6-82）

图6-82

2. 随即，我借偏身反弹力，左弓步，左肩撞击敌胸部。（图6-83）

3. 动作不停，我双掌顺势推出，抖击敌胸，致敌重创跌出。（图6-84）

图6-83

图6-84

三十六、沾身肘膝

1. 敌我对峙。敌右拳直击我面部。我闪身蹲成马步，两前臂屈立滚截敌右前臂。（图6-85）

图6-85

2. 乘敌上体前扑之机，我伸双手捞住敌两肩向怀内猛拽，同时，提起右膝撞击敌腹。（图6-86）

图6-86

3. 动作不停，我右脚落步，左腿上步前弓，左肘横扫敌头部，将其重创跌出。（图6–87）

图6–87

第七章

少林南派短打（十四势）

涂哲东《国技论略》中载："短打与长拳今世都已混合，故长拳家恒兼习短打。其专以短打为主者，唯在江南及广东。"

南派少林短打之练法，富具"南拳"特色：短桥寸劲，阔幅沉马，迅疾紧凑，挨膀挤靠，吐气发声。

其技击讲究：快打速攻，贴身猛进，短烈急促；拳脚相合，跌打为主，擒拿为辅；深入要地，见缝插针，袭击要害。

一、扣步大缠

【实战举例】

1. 敌右脚向前移步，左脚跨进一大步，左拳击打我胸部。我向后滑步避敌拳锋芒之际，左掌上提以掌背格敌左前臂外侧，阻截敌拳攻击。（图7–1）

图7–1

2. 随即，我左掌外转扣指拿住敌左腕，右脚上步于敌左脚跟后侧绊住，同时，左转身，右臂屈肘下压敌左臂。（图7–2）

图7–2

3. 动作不停，我左腿蹬伸，右肘前推向后横砸靠击敌胸部，使敌向后摔倒。（图7–3）

图7–3

二、铁肘靠山

【实战举例】

1. 敌右脚向前移步，左脚跨进一步，左拳击打我胸部。我迅疾向后滑步，避过敌拳锋芒。（图7–4）

图7–4

2. 随即，我左手向上反划抓敌左腕向后带，左脚收步于右脚跟后侧，上体左转成右丁步，同时，右臂屈肘以前臂内侧磕击敌左肘后侧。（图7–5）

3. 动作不停，我右脚上一步，从敌左腿外侧插入其腿后，用左膝内侧扣住敌左腿膝窝，同时，右拳内旋向下用右肘尖向右顶击敌左肋部，将敌靠击而出。（图7–6）

图7–5

图7–6

三、青龙盘柱

【实战举例】

1. 敌右脚向前移步，左脚上一大步，左拳击打我胸部。我向后滑步避敌拳锋芒之际，沉身下坐成左虚步，同时，左掌上挑用掌背格敌左前臂近肘关节外侧。（图7–7）

图7–7

2. 随即，我左脚进步于敌左脚内侧，左掌外划拿敌左腕向左后牵带，同时，左旋身，右肘横击敌头颈左侧。（图7–8）

图7–8

3. 动作不停，我左脚前移，沉身下坐成马步，上体右转，左肘向前上挑敌心口，重创敌方。（图7-9）

图7-9

四、怀中抱月

【实战举例】

1. 敌滑步进身，右拳冲击我面部。我左脚向后撤退一步，右膝提起之际，右掌上抬拍格敌右前臂内侧，阻截敌拳攻击。（图7-10）

图7-10

2. 随即，我右脚落于敌右脚外侧封其腿，同时，右掌变拳顺敌右臂向前砸击其右肩头。（图7–11）

3. 动作不停，我右脚前移半步，左手前伸用力抱敌后腰，同时，右拳变掌旋转向前托击敌下颌，将其重创。（图7–12）

图7–11

图7–12

五、樵夫担柴

【实战举例】

1. 敌滑步进身，右拳击打我面部。我迅疾向后滑步避敌拳锋芒之际，右手内旋、屈肘向上托抓敌右腕，左手前伸上托敌右上臂下侧。（图7-13）

图7-13

2. 随即，我右脚内收半步，左脚上步于敌右腿外侧绊住，用左膝内侧扣其右腿膝窝，同时，左臂屈肘用肘尖顶敌右肋。（图7-14）

图7-14

3. 动作不停，我右手松开敌腕，左旋身，右腿蹬伸成左弓步，右掌斜劈敌颈部左侧，重创敌方。（图7–15）

图7–15

六、猛虎出洞

【实战举例】

1. 敌向前滑步进身，左拳击打我面部。我左脚向后撤退一步，沉身成右虚步，同时，两掌上挑格挡于敌左腕内侧，并向外化力。（图7–16）

图7–16

2. 敌见左拳受阻，紧跟冲出右拳，再度击打我面部。我左脚后移半步成右弓步，同时，左掌变拳屈臂外摆格挡于敌右前臂内侧。（图7-17）

3. 动作不停，我右脚进步封住敌右脚内侧后方，同时，右拳冲击敌心口部，重创敌方。（图7-18）

图7-17

图7-18

七、湘子挎篮

【实战举例】

1. 敌右脚向前移步，左脚跨进一大步，左拳冲击我面部。我迅疾向后滑步，沉身下坐成左虚步，同时，左掌上提用掌棱格挡敌左前臂外侧，化解敌拳攻击。（图7-19）

图7-19

2. 随即，我左掌外旋指抓敌左腕向左后牵带，同时，右拳屈肘上勾，用右臂挎提敌左肘。（图7-20）

图7-20

3. 动作不停，我左脚内收半步，右脚上步于敌左脚跟外侧后方绊住，立身而起，同时，右拳下收，屈右肘向前横击敌后脑，将敌击跌而出。（图7-21）

图7-21

八、封挂金印

【实战举例】

1. 敌滑步进身，右拳击打我面部。我迅疾向后滑步避敌锋芒之际，屈膝下沉成扭步，同时，两掌上提向左封格敌右前臂。（图7-22）

图7-22

2. 随即，我右脚跨入敌洪门，同时，右臂屈肘向前顶击敌右肋。（图7–23）

图7–23

3. 动作不停，我左脚收步于敌右脚内侧，同时，右臂屈肘提起下压敌后背，右膝提起撞击敌心口部，重创敌方。（图7–24）

图7–24

九、劈面摘茄

【实战举例】

1. 我滑步进身，左掌劈击敌面部。敌向后滑步沉身成右半马步，避过我左掌劈击之际，上起右掌用掌棱旋裹我左腕外侧。（图7-25）

图7-25

图7-26

2. 我迅疾将左脚跨进一步，插入敌右脚后侧绊住，同时，左臂贴敌右臂向前下推，右掌斜劈敌左颈侧或耳根部。（图7-26）

3. 动作不停，我上体右转，左掌下伸用掌根撑击敌裆部，同时，以左前臂及肘部靠击敌腹肋，将敌击跌而出。（图7-27）

图7-27

十、仙人砸钟

【实战举例】

1. 敌滑步进身，左拳冲击我面部。我向后滑步沉身下坐成左虚步，左手上起格挡敌左腕外侧，阻截敌拳攻击。（图7-28）

图7-28

2. 随即，我左手旋指拿敌左腕，左脚上步于敌右脚内侧，右脚向敌身后上一步，左转身，同时，左手拽住敌左腕反扭至其身后。（图7-29）

3. 动作不停，我右脚猛力跺击敌左膝弯，并用右手抓住敌左上臂后侧向下按压，使敌跪倒在地。（图7-30）

图7-29

图7-30

4. 紧接，我右脚踩于敌裆前地面，同时，左拳砸击敌后脑而重创之。（图7-31）

图7-31

十一、铁僧拔根

【实战举例】

1. 敌右脚向前移步，左脚跨上一步，右拳击打我面部。我迅疾向后滑步避敌拳锋芒之际，左掌向前推敌右肘弯内侧。（图7-32）

图7-32

2. 随即，我右拳冲击敌面部。敌上提左臂拦格于我右腕内侧。（图7–33）

3. 我迅疾收右拳，冲出左拳再度击打敌面部。敌右拳上勾，用右前臂外侧格挡我右腕内侧，阻截我二次攻击。（图7–34）

图7–33

图7–34

4. 动作不停，我迅疾沉身下伏，右手下伸捞敌左脚跟向上提起，同时，左拳变掌前推敌胸，将其跌出。（图7-35）

图7-35

十二、冲天连珠

【实战举例】

1. 敌右脚向前移步，左脚跨进一步，右拳冲击我面部。我迅疾向后滑步避敌拳锋芒之际，左掌上提用左腕外侧拦格敌右腕内侧，阻截敌拳攻击。（图7-36）

图7-36

2. 随即，我左掌外旋扣指抓敌腕向后带，同时，向前滑步接近，右拳勾击敌下颌。（图7–37）

3. 动作不停，我右脚上步插于敌左脚后外侧绊住，同时，右臂屈肘顶击敌胃脘部，以两次重击制跌敌方。（图7–38）

图7–37

图7–38

十三、横断云岭

【实战举例】

1. 敌滑步进身，右拳冲击我面部。我左脚向后撤退一步，沉身下坐成右虚步，同时，右掌上挑用掌背格挡敌右前臂外侧，阻截敌拳攻击。（图7–39）

图7–39

2. 随即，我右掌外旋拿敌右腕向右旋转，同时，左脚跨向敌右脚后侧。（图7–40）

图7–40

3. 动作不停，我左臂速向敌腹部裹拦，上下合力将敌向后跌出。（图7–41）

图7–41

十四、金刚伏虎

【实战举例】

1. 敌滑步进身，右拳击打我面部。我迅疾向后滑步避敌拳锋芒之际，坐身成左虚步，同时，左掌前推敌右前臂内侧，阻截敌拳攻击。（图7–42）

图7–42

2. 随即，我左掌旋转抓敌右腕向后牵拉，同时，右脚弹踢敌裆部。（图7–43）

3. 动作不停，我右脚落地，左腿蹬伸成右弓步，同时，右臂向上挎敌右肘。（图7–44）

图7–43

图7–44

4. 紧接，我左脚上步于敌身后，右转体，同时，左手拿敌腕下拉，右手旋绕下压。此时，我右手由屈肘上挎势内旋向右下直压敌右肩背部，左手拿住敌腕向敌背后推扭，使敌右臂反折于背后而伏地就擒。（图7–45）

图7–45